Masterización de audio:

un proceso clave para conseguir un buen sonido

¿Qué es la masterización de audio?

La masterización es el proceso final Pero debemos saber que sin una buena mescla nunca alcanzaremos un buen sonido.

En este libro aprenderás los pasos a seguir para conseguir una buena mescla

Si bien sabemos que en la edición de audio no hay reglas fijas, es por eso que este libro te servirá como un patrón a seguir ...

Una buena masterización

Para obtener una buena masterización es aconsejable:

—Ajustar las frecuencias con un ecualizador.
—Que la mezcla esté a -6db antes de la masterización.
—Usar varios limitadores nunca dejaremos el proceso a un solo plugin.
—Utilizar un expansor para nivelar sonidos.
—Si utilizamos un dither hacerlo al final del proceso.
—Si quisiéramos destacar un elemento vocal, optar por la ecualización destacando el canal

central.

—Tener en cuenta que no es lo mismo masterizar un disco de Balada a uno de música Urbana

En la producción de un trabajo profesional Se recomienda que el ingeniero que realiza la mezcla sea diferente al de la masterización. Porque sus oídos y cerebro ya estarán "contaminados" sabemos que muchos Masterizamos nuestras mismas producciones, es recomendable escuchar distintas canciones y darle un descanso al menos de tres días a nuestros oídos, así al escuchar de nuevo nuestra mescla, encontraremos errores que antes no lográbamos escuchar a causa de la saturación ...

Lo mas importante en una mescla

EQ y Compresión

Un consejo y el mas importante nunca es bueno abusar del compresor, no queremos sonar sobre comprimido...

1-Limitadores

Tampoco abusaremos del uso de los limitadores, si matamos la dinámica nuestro audio sonara aburrido y el sonido pasaría de agradable a un sonido molesto.

Los cortes de frecuencias en los db no deseados son la clave para eliminar suciedad y sonidos que el oído humano no logra escuchar, eliminando estos db abriremos espacio para sonidos deseados y conseguiremos una mescla mas limpia

Si sembramos una buena semilla, obtendremos un gran árbol, buenos Frutos lo mismo pasa con nuestras producciones

CORTES DE FRECUENCIAS

1-Bajo - El bajo entre 20 Hz y 250 Hz

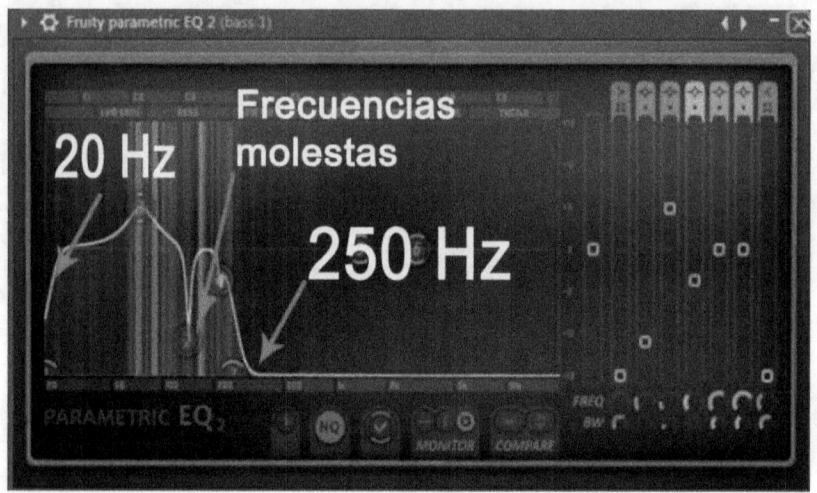

Estos ajustes pueden variar

Solo es una guía a partir de aquí todo es será ajustado a tu gusto.

COMPRESOR DEL BAJO
MONO

Usaremos plugin mono para el bajo

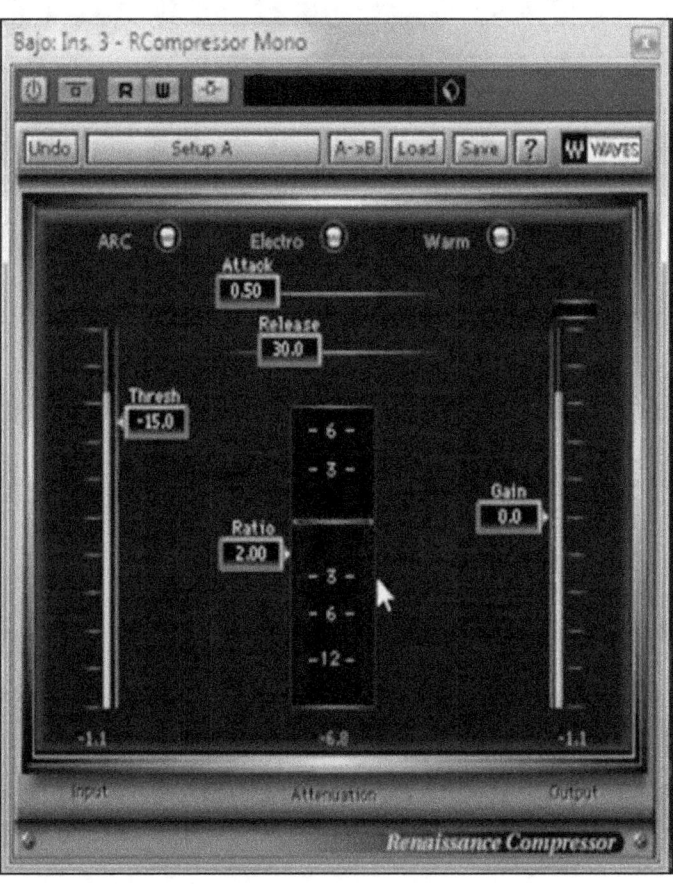

2- Kick entre 20 Hz y los 11000 Hz

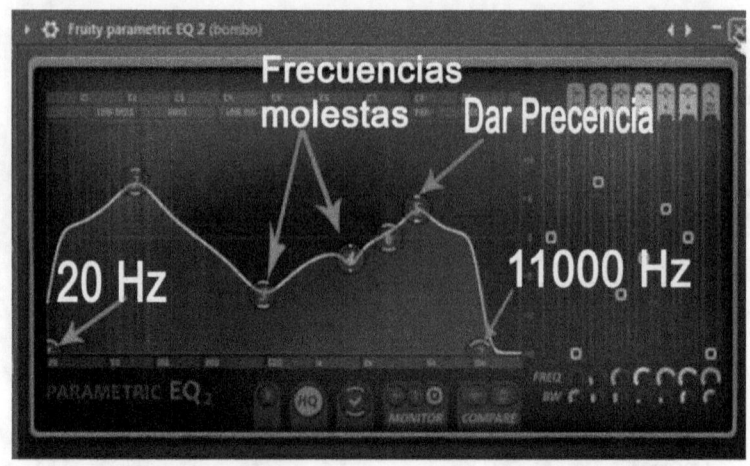

Estos ajustes pueden variar

Solo es una guía a partir de aquí todo es será ajustado a tu gusto.

Debes trabajar el bajo y el kick junto para lograr una pegada balanceada

Es decir que el bajo no opaque al kick o viceversa

COMPRIMIR EL KICK

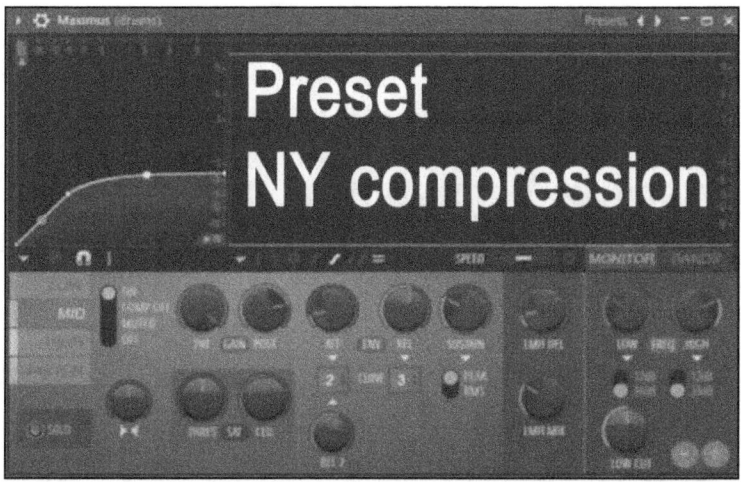

Aplicamos un compresor más o menos fuerte: Un umbral entre -20db y -10db, una ratio de entre 1.5:1 a 2.5:1, un ataque corto, no inmediato, para no quitarle pegada.

De entre 5ms a 10ms.
El reléase es corto también, para darle tiempo al compresor de "recuperarse" antes que suene el siguiente kick, le ponemos algo de saturación. Y ajustamos la ganancia para q suene igual de alto que antes de comprimir.

Debe sonar a un volumen bastante similar.

Recordamos que dar ganancia se usa para recuperar el volumen perdido en la compresión, no para subirle el volumen.

SNARE EQ

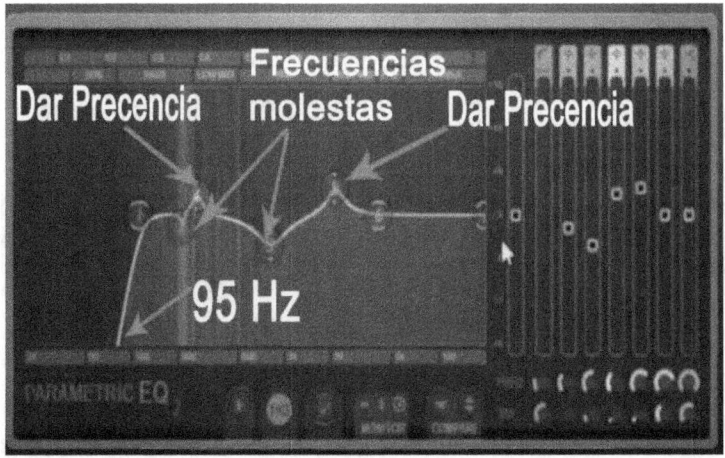

Estos ajustes pueden variar

Solo es una guía a partir de aquí todo es será ajustado a tu gusto.

SNARE COMPRESION

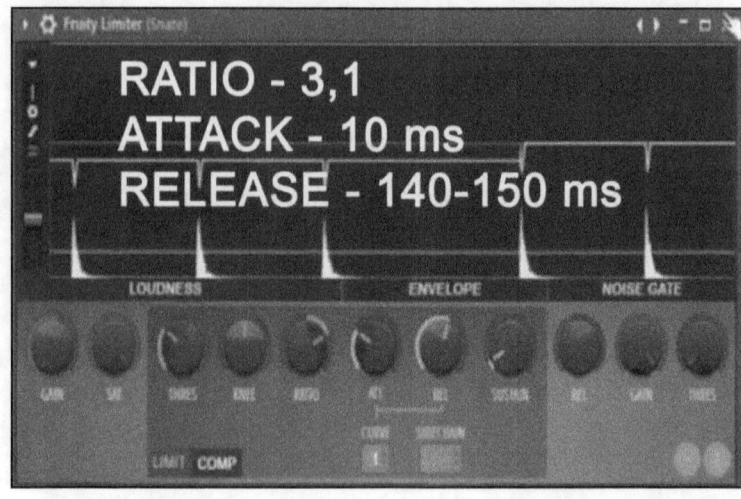

RATIO - 3,1

ATTACK - 10 ms

RELEASE - 140-150 ms

Jugaremos con la ganancia recordando que no buscamos subir el volumen con la compresión, Solo queremos un sonido más fuerte y de mayor pegada

Debes saber dónde van a estar situados estos sonidos

Subgraves:	**20Hz-80Hz**
Graves:	**80Hz-250Hz**
Medios:	**250Hz-1.2Khz**
Medios agudos:	**1.2Khz-5Khz**
Agudos:	**5Khz-20Khz**

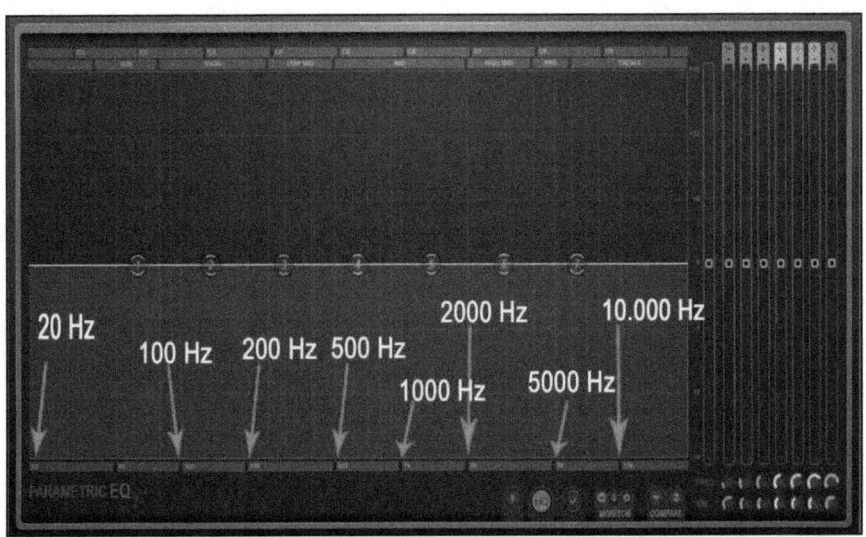

Bombo	**60 - 80 Hz**
Tambor	**240 Hz**
Hit Hat	**200 Hz**
Toms	**80 - 120 Hz**
Bajo	**60 - 80 Hz**
Piano acústico Graves	80 - 120 Hz, Presencia 2.5 - 5 KHz
Guitarra Acústica Graves	80 - 120 Hz, Cuerpo 240 Hz, Claridad 2.5 - 5 KHz
Órgano eléctrico Graves	80 - 120 Hz, Cuerpo 240 Hz, Presencia 2.5 KHz

PLANTILLAS DE ACORDES

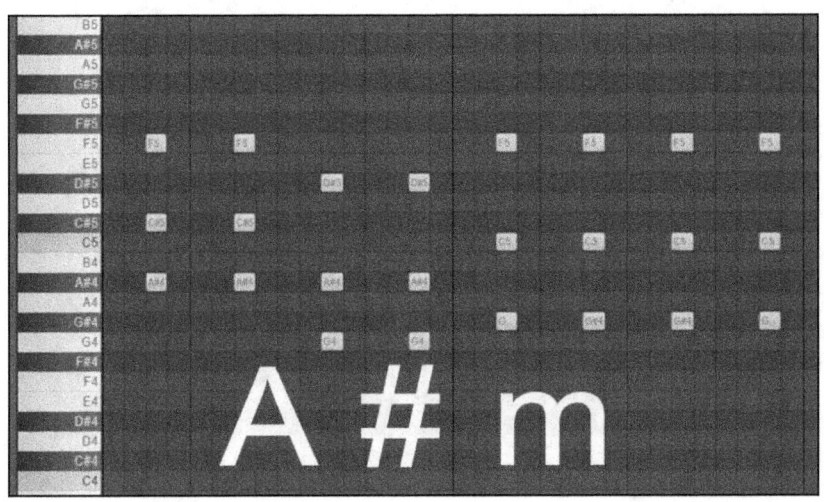

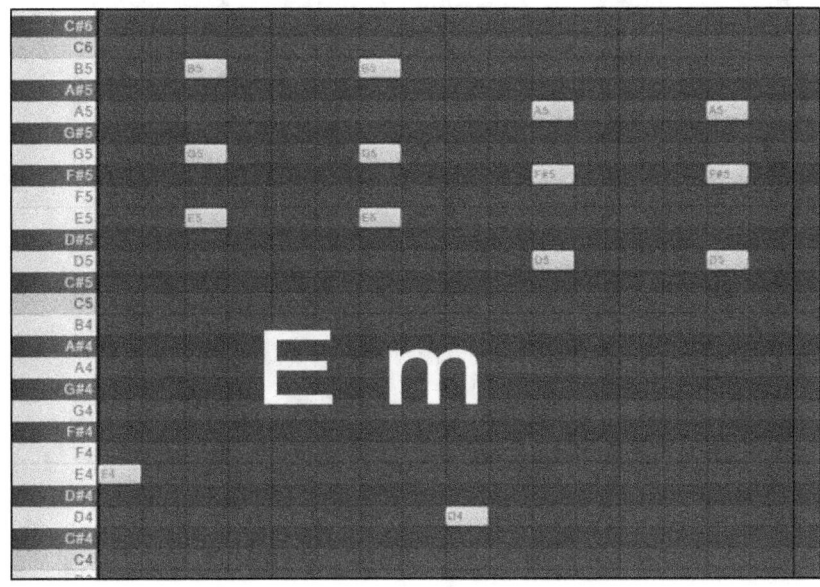

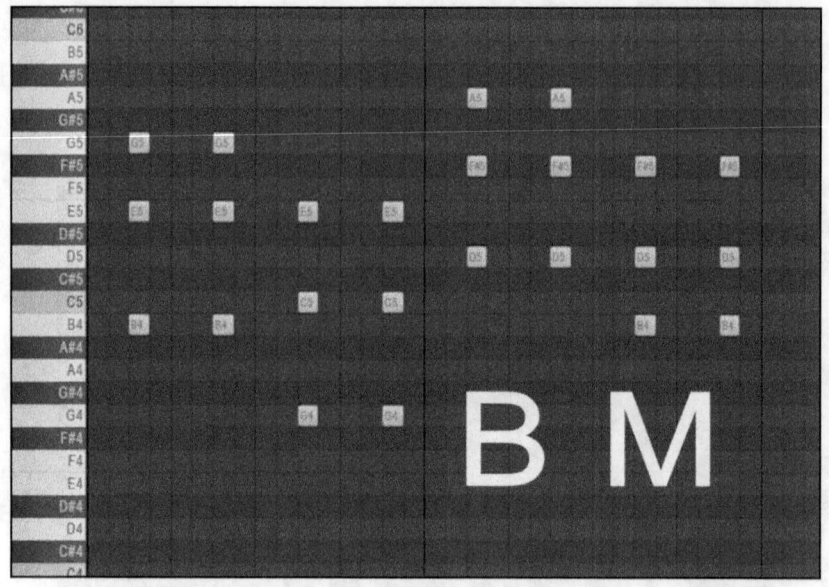
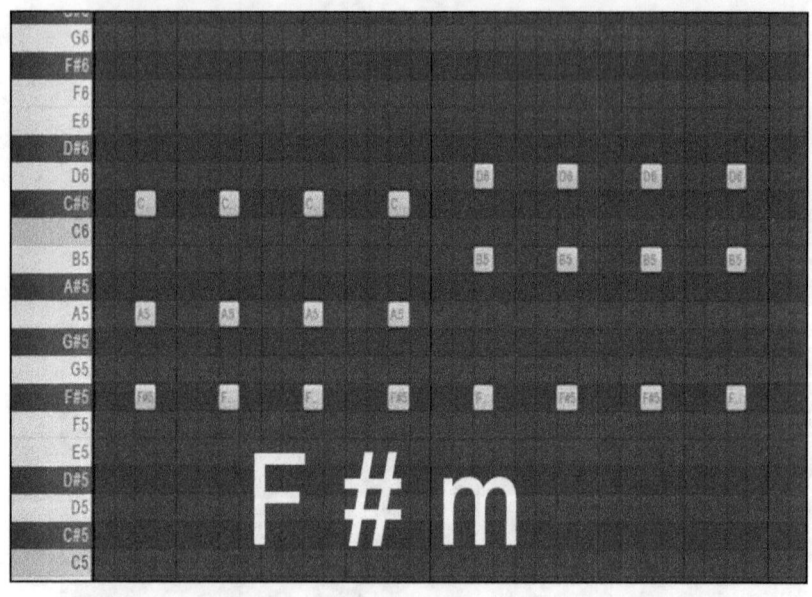

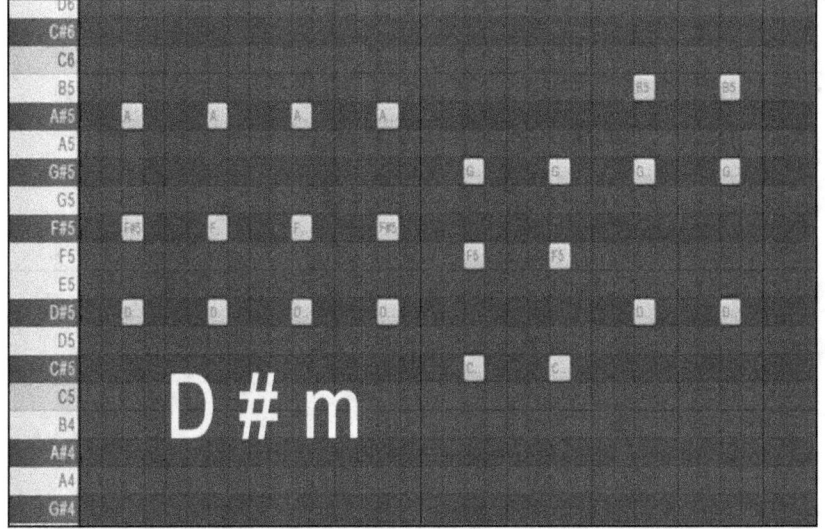
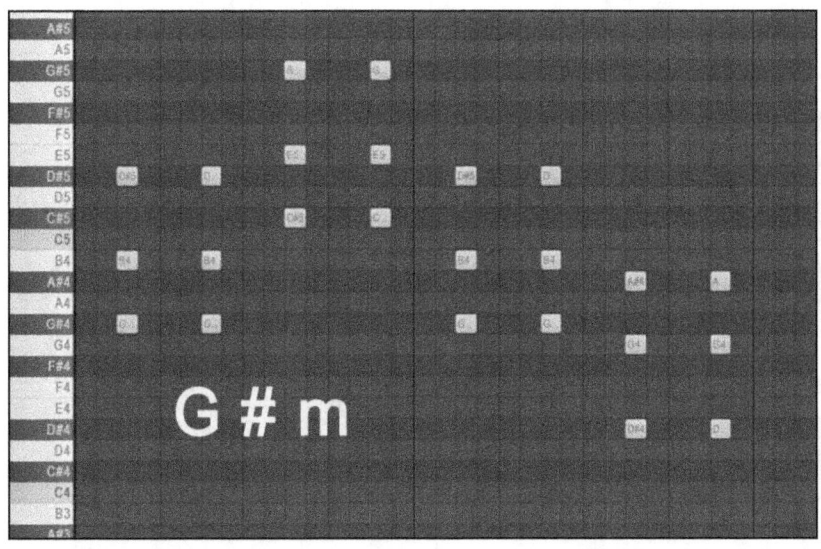

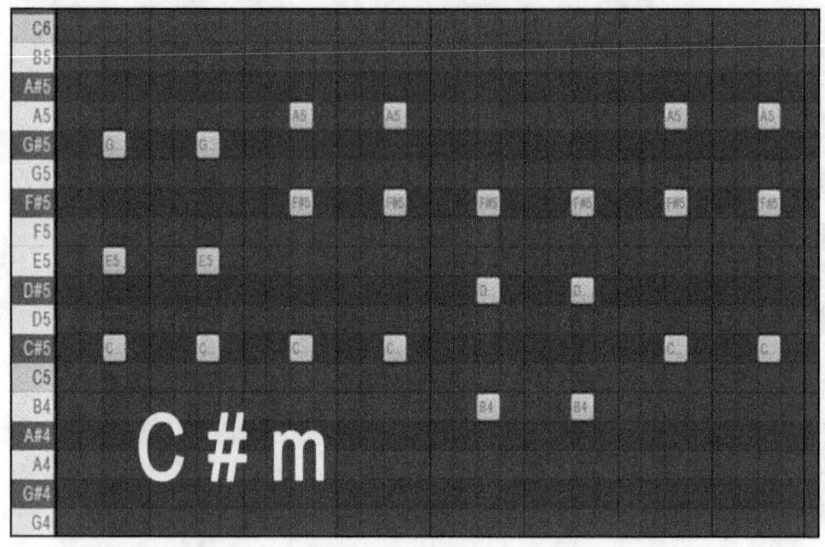
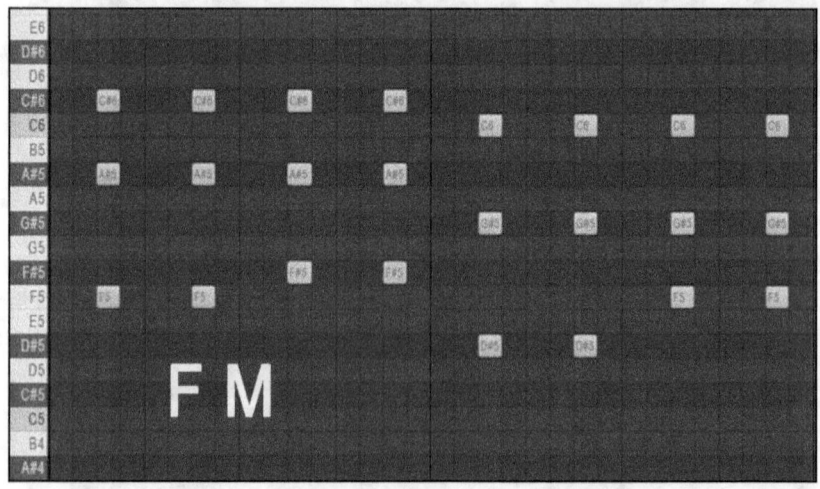

DEMBOW REGGAETON

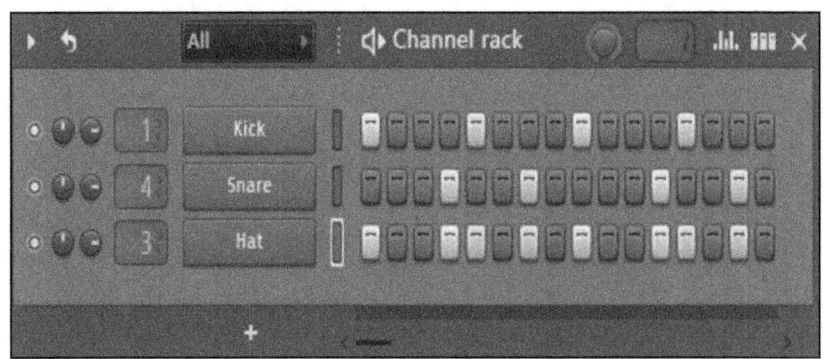

DEMBOW TRAP

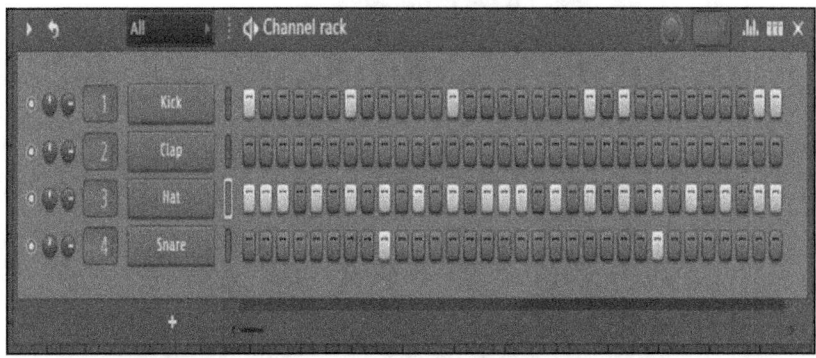

No todos tenemos la posibilidad de comprar monitores de estudió por problemas económicos. A veces los sustituimos por equipos de música, teatros en casa y demás. Es un error que todos cometemos, nuestro sonido de referencia es una de las cosas principales en nuestro home studió.

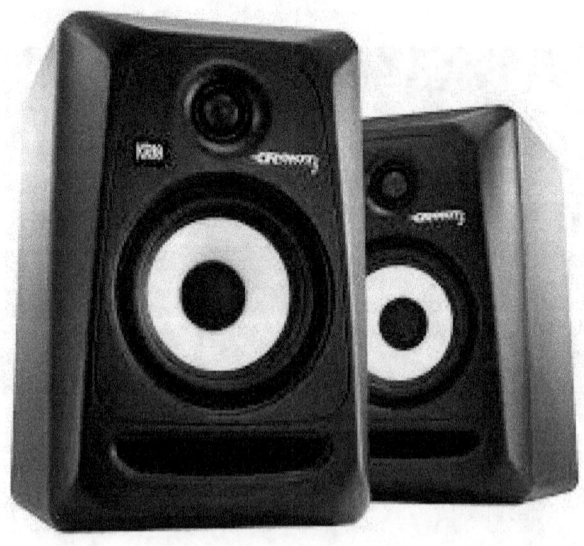

Debemos tener buena referencia un buen sonido te permitirá a que tus mesclas queden profesionales.

Podemos sustituir los monitores por un par de audífonos, educaremos nuestros oídos, escucharemos las canciones de nuestros artistas preferidos

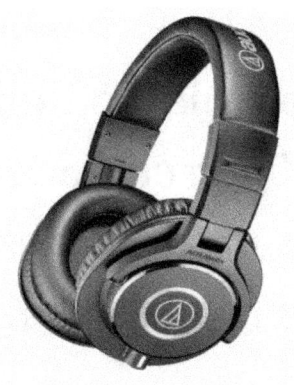

Gracias a la tecnología hoy en día podemos tener un pequeño estudio en la mochila y crear nuestras propias canciones en casa de amigos, en un viaje de vacaciones, etc.

Hay que estudiar teoría musical hoy en día encontramos un sinfín de tutoriales y cursos en internet.

Pero ese conocimiento tiene que ser balanceado 50% creatividad nunca emitas a otros productores, encuentra tu propio estilo.

Aquí les dejo un pequeño ejemplo de lo que necesitaras para comenzar a producir tus propias canciones

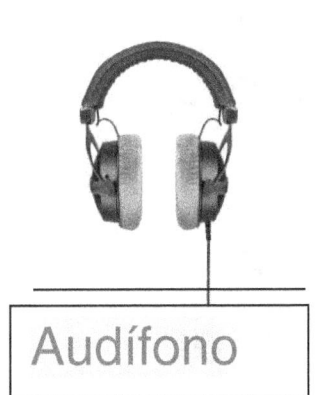
Audífono

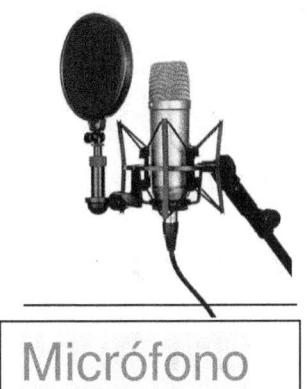
Micrófono

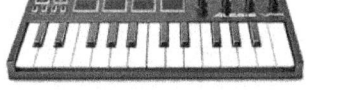
Controlador MIDI

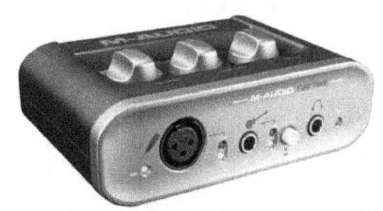
interface de audio

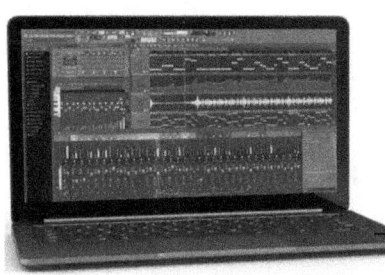
Laptop

No todos alcanzamos equipos de alta gama, pero si logramos entender que con un poco de conocimiento, dedicación y mucha creatividad, lograremos alcanzar buena calidad de sonido.

Producción Musical

Concejos para principiantes

www.ingramcontent.com/pod-product-compliance
Lightning Source LLC
Chambersburg PA
CBHW050308220526
45465CB00002B/879